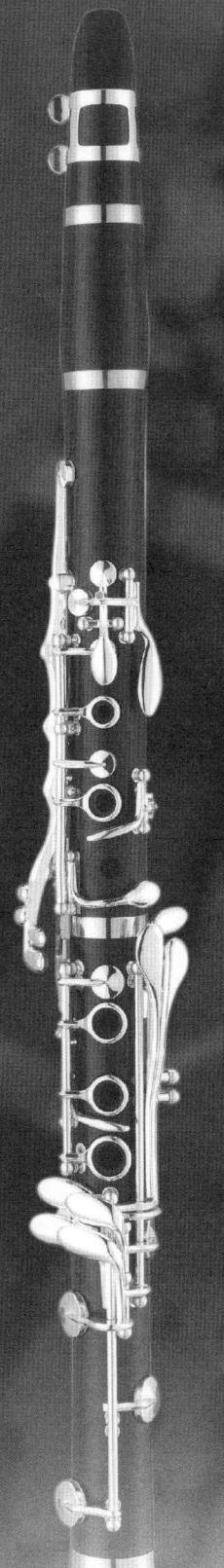

Método para Clarineta

1ª. Parte

NABOR PIRES CAMARGO

Nº Cat.: 110-M

Irmãos Vitale Editores Ltda.
vitale.com.br
Rua Raposo Tavares, 85 São Paulo SP
CEP: 04704-110 editora@vitale.com.br Tel.: 11 5081-9499

© Copyright 1947 by Irmãos Vitale Editores Ltda. - São Paulo - Rio de Janeiro - Brasil.
Todos os direitos autorais reservados para todos os países. *All rights reserved.*

Dados Internacionais de Catalogação na Publicação (CIP)
(Câmara Brasileira do Livro, SP, Brasil)

Camargo, Nabor Pires
    Método para clarineta, 1ª parte / Nabor Pires Camargo. — São Paulo : Irmãos Vitale

    1. Clarineta – Música – Métodos 2. Clarineta – Estudo e ensino I. Título.

ISBN 85-85188-04-9
ISBN 978-85-85188-04-7

96-2197   CDD-788.6207

Indices para Catálogo Sistemático:

1. Métodos de ensino para clarineta : Música
   788.6207

Dedico este método, aos meus professores, aos meus colegas e ao meu particular amigo e grande clarinetista Major Antonio Romeo, competente regente da Banda Musical da Força Pública de São Paulo.

Nabor Pires Camargo

NABOR PIRES CAMARGO

PARECERES

CONSERVATÓRIO DRAMÁTICO E MUSICAL DE SÃO PAULO

"A comissão abaixo assinada, designada pela Diretoria do Conservatório Dramático e Musical de São Paulo, para se manifestar sobre a obra didática do Prof. Nabor Pires Camargo, "Método para clarineta", após detido exame desse trabalho, é de PARECER que ele preenche cabalmente o fim a que se propõe; e, tratando-se de obra útil e que há muito se tornava necessária, julga que ela deva integrar o programa de ensino do "Curso Fundamental de Clarineta" do Conservatório.

Congratulando-se pois com o autor pelo interessante trabalho apresentado, faz votos cordiais para que o Prof. Nabor Pires Camargo continue produzindo cada vez mais, afim de engrandecer o meio artístico Sul-Americano.

São Paulo, 10/10/1948.

(aa): Samuel Archanjo dos Santos.
João Sepé
Antonio Bento da Cunha".

Do maestro SOUZA LIMA — notável pianista brasileiro, laureado pelo Conservatório de Paris, festejado pela crítica nacional e estrangeira, compositor e condutor de orquestra dos mais prestigiosos do país.

"O método para clarineta, de Nabor Pires Camargo, preenche perfeitamente a finalidade a que se destina: proporcionar, de maneira prática e concisa, o aprendizado do difícil instrumento. Seus conselhos são preciosos e oportunos, assim como os pequenos exercícios e peças elaboradas com evidente bom gosto. Outra coisa não se poderia esperar do popular e competente instrumentista que é o prof. Nabor Pires Camargo. São Paulo, 23 de Março de 1947. (a) Souza Lima".

Do maestro ARMANDO BELARDI - Diretor proprietário do Coservatório Musical "Carlos Gomes", regente de renome firmado no conceito da crítica, figurando assiduamente como diretor de orquestra em temporada líricas populares e oficiais de São Paulo e do Rio de Janeiro.

"Lendo o Método para Clarineta de autoria do prof. Nabor Pires Camargo, verifiquei que o trabalho é desenvolvido com bastante técnica e estou convencido, que depois de impresso, será de grande utilidade para os jovens estudiosos do difícil instrumento. Julgo que os estabelecimentos de ensino artístico do país, muito lucrarão em adotá-lo nos respectivos programas do curso de clarineta, pois Nabor Pires Camargo, com seus conhecimentos pedagógicos, elaborou um método racional, apresentando as dificuldades gradativamente. O prof. Nabor Pires Camargo merece elogios pelo quanto irá contribuir ao desenvolvimento do estudo da clarineta em nosso país. — (a) Armando Belardi — Diretor do Conservatório Musical "Carlos Gomes".

Do Prof. ALFERIO MIGNONE — consagrado flautista italiano há longos anos radicado em São Paulo, onde formou a mais conceituada escola de instrumentos de sopro.

"Exmo. Snr. Prof. Nabor Pires Camargo. — Li o seu método e envio as minhas congratulações pelos altos conhecimentos pedagógicos bem aplicados, revelando erudição e cultura musical completa. Método claro e de fácil compreensão, eis os dotes invulgares do seu trabalho um dos mais recomendáveis. — Com toda estima (a) prof. Alferio Mignone".

Do capitão ANTONIO ROMEO — formado pelo Conservatório Dramático e Musical de São Paulo, onde obteve o diploma de clarineta; é hoje Regente da Banda da Brigada Policial da Força Pública de S. Paulo e ex-solista da orquestra sinfonica do Teatro Municipal de S. Paulo.

"São Paulo, 15 de Abril de 1947. Prezado amigo e colega, Nabor Pires Camargo. — Saudações. — Li com bastante atenção o seu Método para clarineta e francamente julgo o trabalho muitíssimo interessante e útil para os que iniciam o estudo do nosso difícil instrumento. — Os exercícios são apresentados com muito cuidado, e a idéia de introduzir algumas peças fáceis no fim do Método foi feliz pois para animar o aluno a continuar o estudo com mais vontade. — Tendo certeza da aceitação que irá ter por parte dos professores e estabelecimentos de ensino artístico, aproveito para enviar as minhas felicitações pelo seu contínuo esforço em em prol do estudo da clarineta. — Com um abraço amigo do (a) — Antonio Romeo".

CONSELHOS AO ALUNO DE CLARINETA

Antes de entrar em outros detalhes dos "Meus Conselhos" considero de minha obrigação, chamar a atenção não só dos estudantes de clarineta, como de todos os instrumentos de sopro, para o fato muito comum de permitirem que outras pessoas toquem em seus instrumentos, pois esse hábito além de anti-higiênico é prejudicial à saúde. O próprio professor deve dar o exemplo usando o seu instrumento para as explicações.

— Quando o clarinetista estiver em descanso, convém tirar a boquilha da clarineta para evitar que outra pessoa a use.

— Devemos cuidar de nossos instrumentos como de nós mesmos. Muitas vezes o fracasso de um músico, é motivado pelo mau funcionamento do seu instrumento.

— A boquilha, deve ser lavada freqüentemente assim como a palheta. Uma palheta bem limpa tem melhor vibração. Ao lavarmos a palheta devemos fazê-lo com um pano fino, úmido, passando-o da parte grossa para a fina.

— Como já disse, a boquilha é a alma da clarineta, portanto a sua escolha precisa ser cuidadosa. Alguns clarinetistas preferem-nas mais fechadas; outros, mais abertas.

Para quem se dedica a orquestras sinfônicas são aconselháveis as primeiras; e para os que se dedicam ao "Jazz" e às bandas de música, as mais abertas. Isto, porém, não é uma regra e o essencial é que o instrumentista se adapte bem a ela.

— *Palheta* — Com a palheta dá-se mais ou menos o caso da boquilha, uns preferem mais duras ao passo que outros mais brandas.

Se a palheta for branda e se desejar um pouco mais dura, corta-se um pouco a ponta; e se for muito dura, raspa-se até conseguir o estado desejado.

Nunca, porém, se deve raspar a palheta na ponta, mas sim do meio para a ponta.

A colocação da palheta na boquilha, também é muito importante. Basta um milímetro de diferença para que a sua posição fique melhor ou pior. É preciso, portanto, procurar colocá-la na posição exata. Antes, porém, deve ser umidecida em água ou mesmo na boca.

— Há um costume muito usual que consiste em molhar o instrumento antes de usá-lo, alegando estar ressecado. Esse método é condenável pois enferruja os parafusos e molas, estragando também as sapatilhas.

O que se deve fazer antes de tocar é tirar a boquilha e molhá-la juntamente com a palheta, pois o efeito é o mesmo que se molhasse todo o instrumento, sem o risco já explicado.

— Não devemos descuidar das molas, parafusos e sapatilhas. Devemos examiná-los freqüentemente. Caso um parafuso esteja enferrujado, convém tirá-lo, lixá-lo e lubrificá-lo antes de colocá-lo novamente.

— Se alguma sapatilha juntar água põe-se um pouco de talco ou pó de arroz. Para isso, coloca-se o pó num papel e, em seguida, entre a sapatilha e o buraco, fazendo-se um pouco de pressão sobre a chave.

— Quando o instrumento estiver vazando, coloca-se um pano apertado na campana, tira-se a boquilha fecha-se todos os buracos e assopra-se para saber onde vaza. Um bom processo também é assoprar fumaça de cigarro, a qual sai por onde vaza.

— A posição do busto do estudante, deve ser reta, desde o primeiro dia; nunca se descuidar deste conselho pois é indispensável tanto para a estética como para o sistema respiratório.

— Nunca se deve fazer bochechas que além de ser feio, prejudica a execução.

— Nunca se deve começar uma execução sem antes preludiar um pouco. Preludiar é fazer um pouco de exercícios (escalas, arpejos, etc.), à vontade com o fito de esquentar o instrumento e verificar o seu funcionamento. Além disso, tem a vantagem de preparar para a afinação. As variações de temperatura também são sentidas pelo instrumento, que chega a aumentar quase ½ tono com o frio; de modo que se começarmos a tocar com o instrumento frio, forçosamente estaremos em desacordo com os que já estão **quentes**.

— *Instrumentos* — Para todos os que se dediquem ao estudo de clarineta, o instrumento mais aconselhável é o "Boehm"; porém, na falta deste, o aluno poderá estudar em instrumento simples, mas que seja pelo menos de quatorze chaves, pois o de treze, nenhum professor criterioso poderia recomendar, pela sua deficiência.

— Embocadura é o modo de colocar a boquilha na boca. Essa deve ser colocada com o lábio inferior um pouco dobrado, seguido do superior um pouco menos dobrado.

Essa posição varia de acordo com a conformação da boca do clarinetista. É lógico que quem tem os lábios mais grossos, deve dobrar mais do que quem os têm mais finos.

Em caso algum devemos colocar os dentes na boquilha.

— *Notas Longas* — A maior preocupação do aluno deve ser, tocar notas longas. Isto é, antes de começar qualquer estudo, tocar por exemplo, uma escala, arpejos, com notas as mais longas possíveis. Este exercício além de ser ótimo para o sistema respiratório contribui grandemente para conseguirmos uma boa afinação. Pratica-se este exercício do seguinte modo: Toca-se por **exemplo um dó** (toma-se fôlego antes) e enquanto se estiver tocando conta-se mentalmente e bem devagar 1.... 2.... 3.... 4.... Fazendo-se o mesmo com as outras notas.

O aluno que assim proceder verá dentro de algum tempo que o seu trabalho produziu bom resultado.

NABOR P. CAMARGO.

1ª LIÇÃO

Toque cada nota, contando mentalmente bem devagar; um, dois, três e quatro. Feche bem os buracos e muito cuidado para não esbarrar nas chaves.

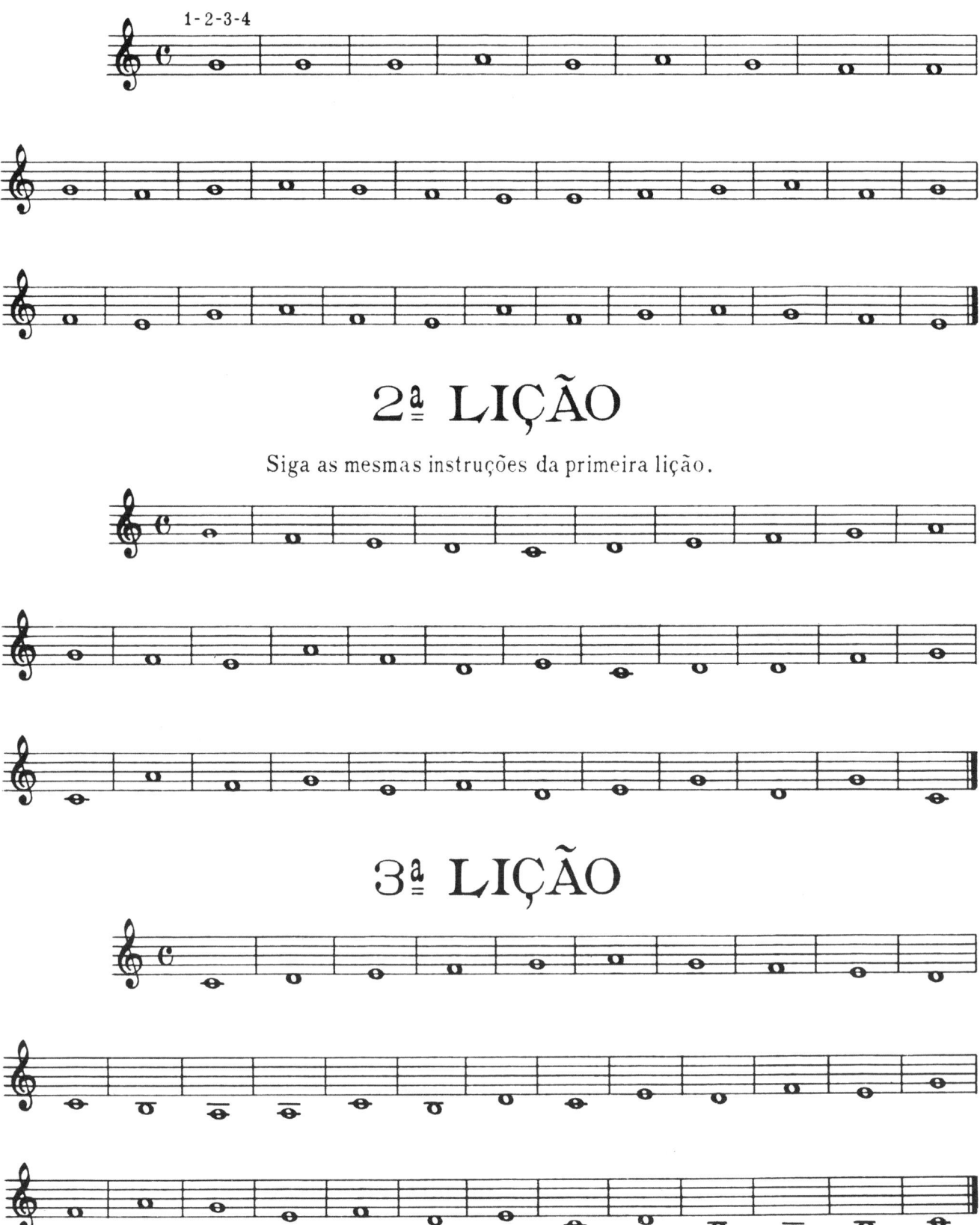

2ª LIÇÃO

Siga as mesmas instruções da primeira lição.

3ª LIÇÃO

4ª LIÇÃO

Quanto mais grave a nota, mais se deve afrouxar os lábios, cuidando sempre da afinação.

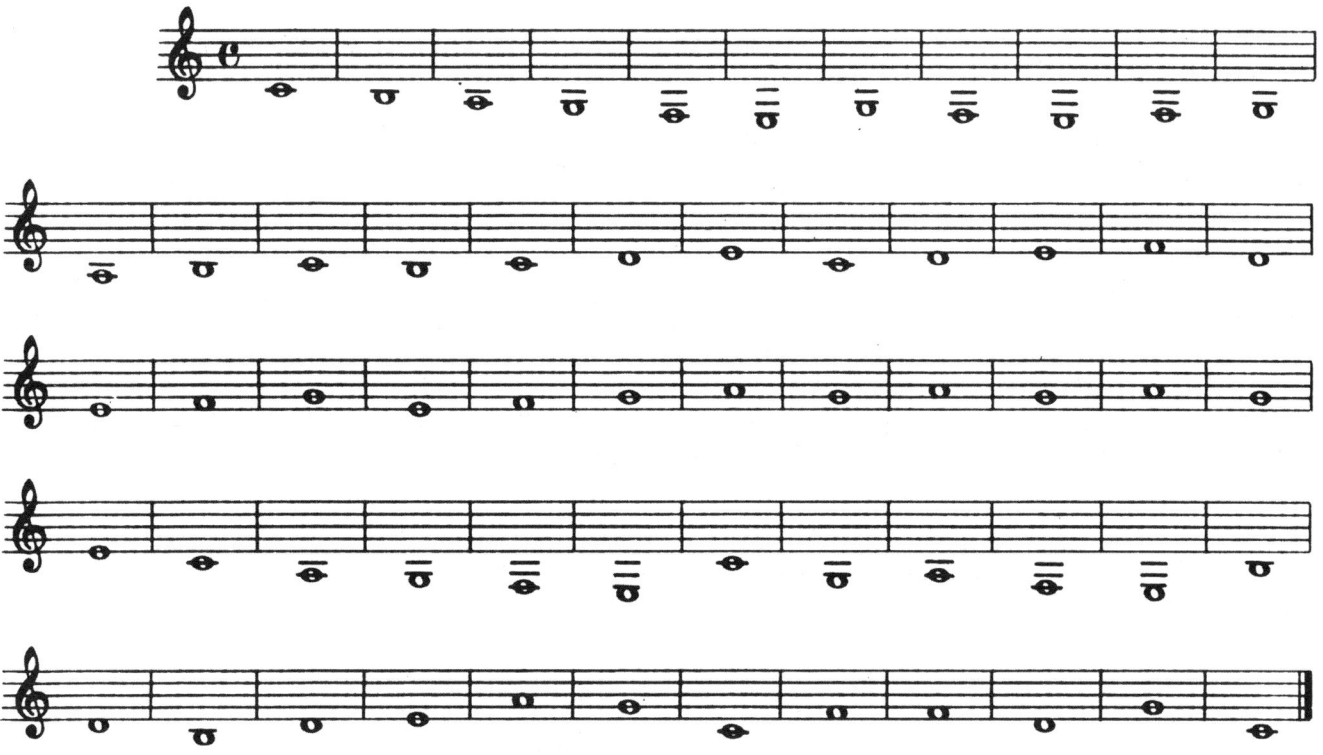

5ª LIÇÃO

A passagem do [...] para o [...] é muito difícil, portanto pratique-a a todo o instante.

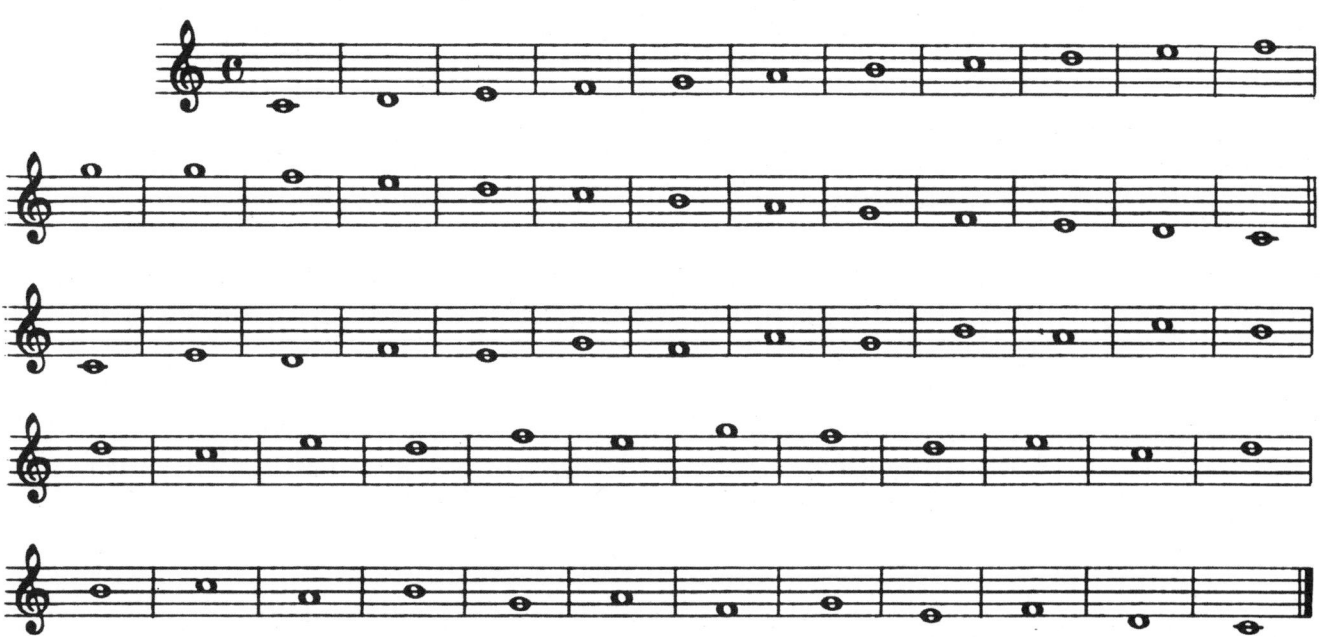

6ª LIÇÃO

Quanto mais aguda for a nota, mais pressão devemos dar aos lábios, porém nunca exageradamente.

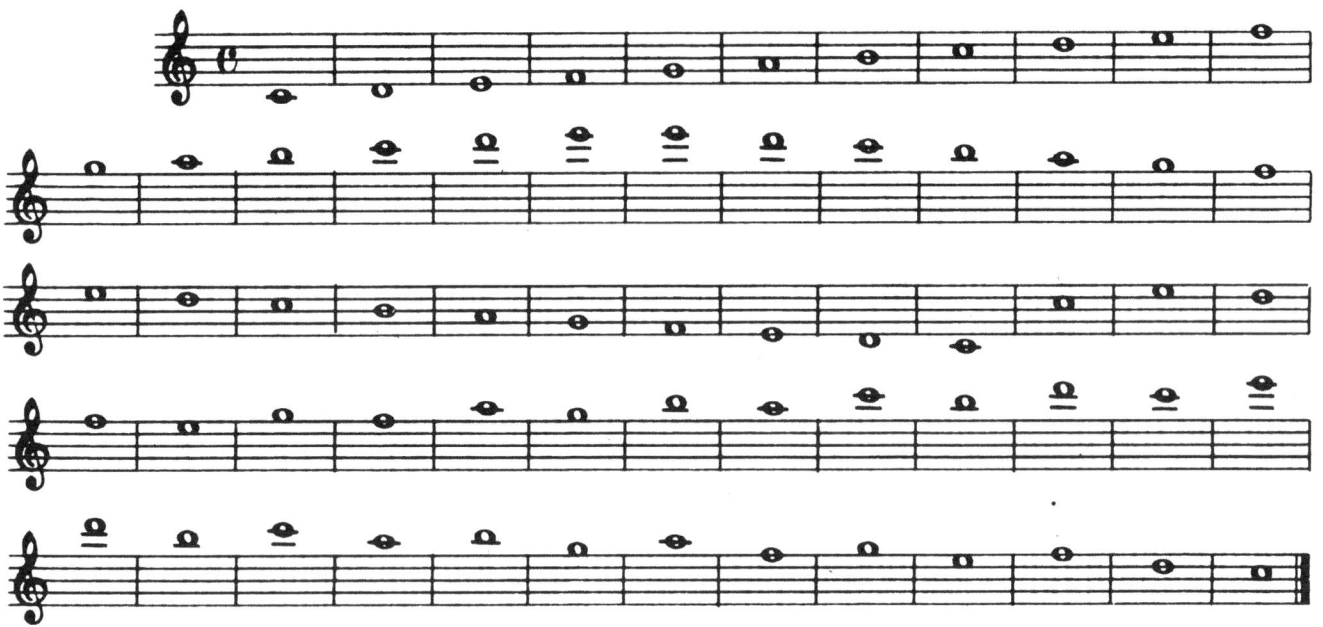

7ª LIÇÃO

O ponto ao lado da nota, aumenta metade do seu valor.

(passagem difícil)

8ª LIÇÃO

9ª LIÇÃO

Com a 8ª lição recomendo estudar a 1ª Valsa que se encontra na página 32;
Com a 9ª lição a 2ª Valsa e, assim, sucessivamente.

10ª LIÇÃO

11ª LIÇÃO

As pausas servem para passar em silêncio o valor das notas. A pausa de Semibreve acha-se em baixo da quarta linha, a de Mínima em cima da terceira linha; a outra pausa que aparece neste exercício é a de Semínima. A Ligadura une um ou mais sons. O ponto em cima da nota diminui a metade do seu valor.

12ª LIÇÃO

13ª LIÇÃO

14ª LIÇÃO

15ª LIÇÃO

16ª LIÇÃO

17ª LIÇÃO

18ª LIÇÃO

19ª LIÇÃO

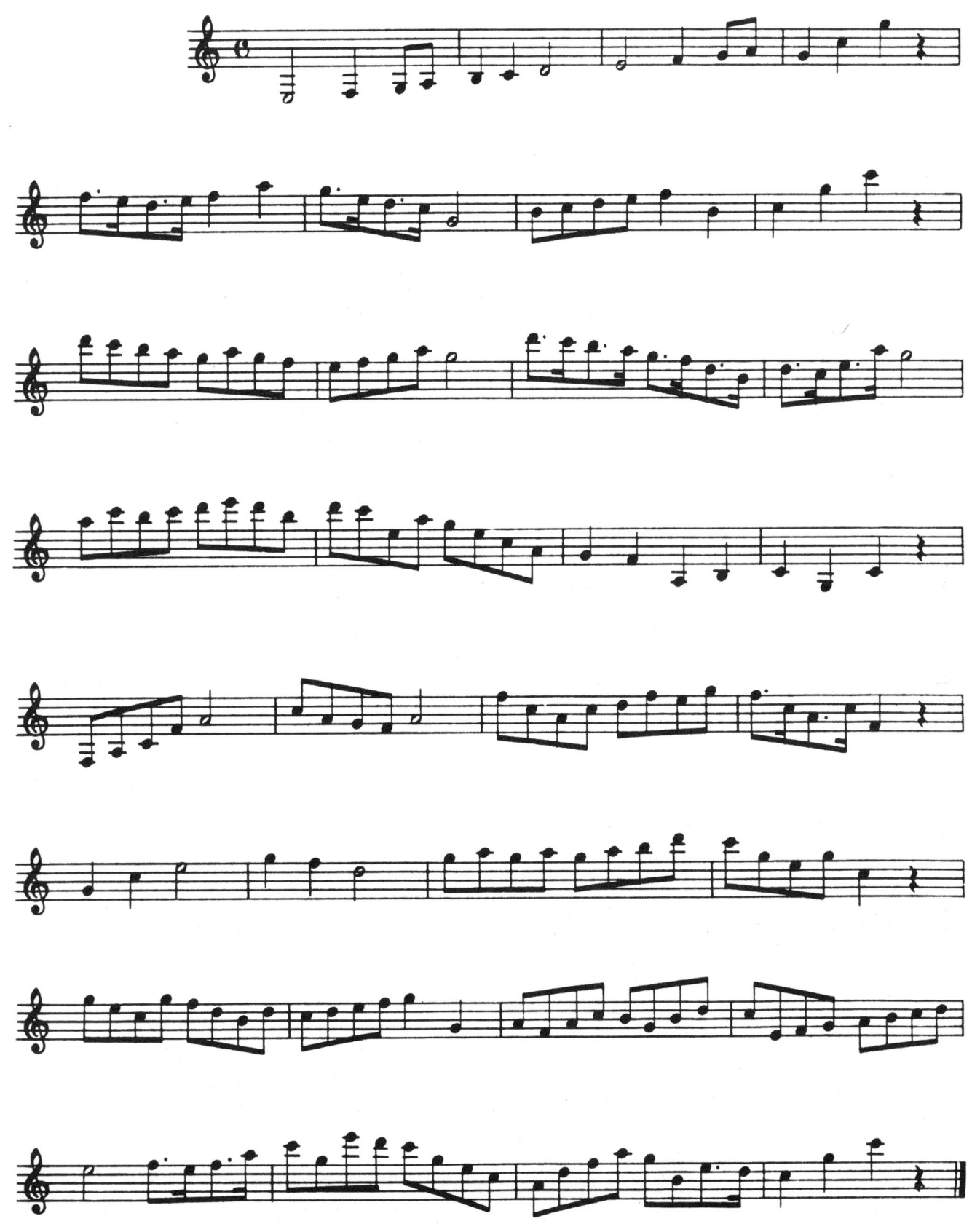

20ª LIÇÃO

21ª LIÇÃO

22ª LIÇÃO

23ª LIÇÃO

24ª LIÇÃO

25ª LIÇÃO

26ª LIÇÃO

27ª LIÇÃO

28ª LIÇÃO

Recomendo estudar as escalas bem devagar.

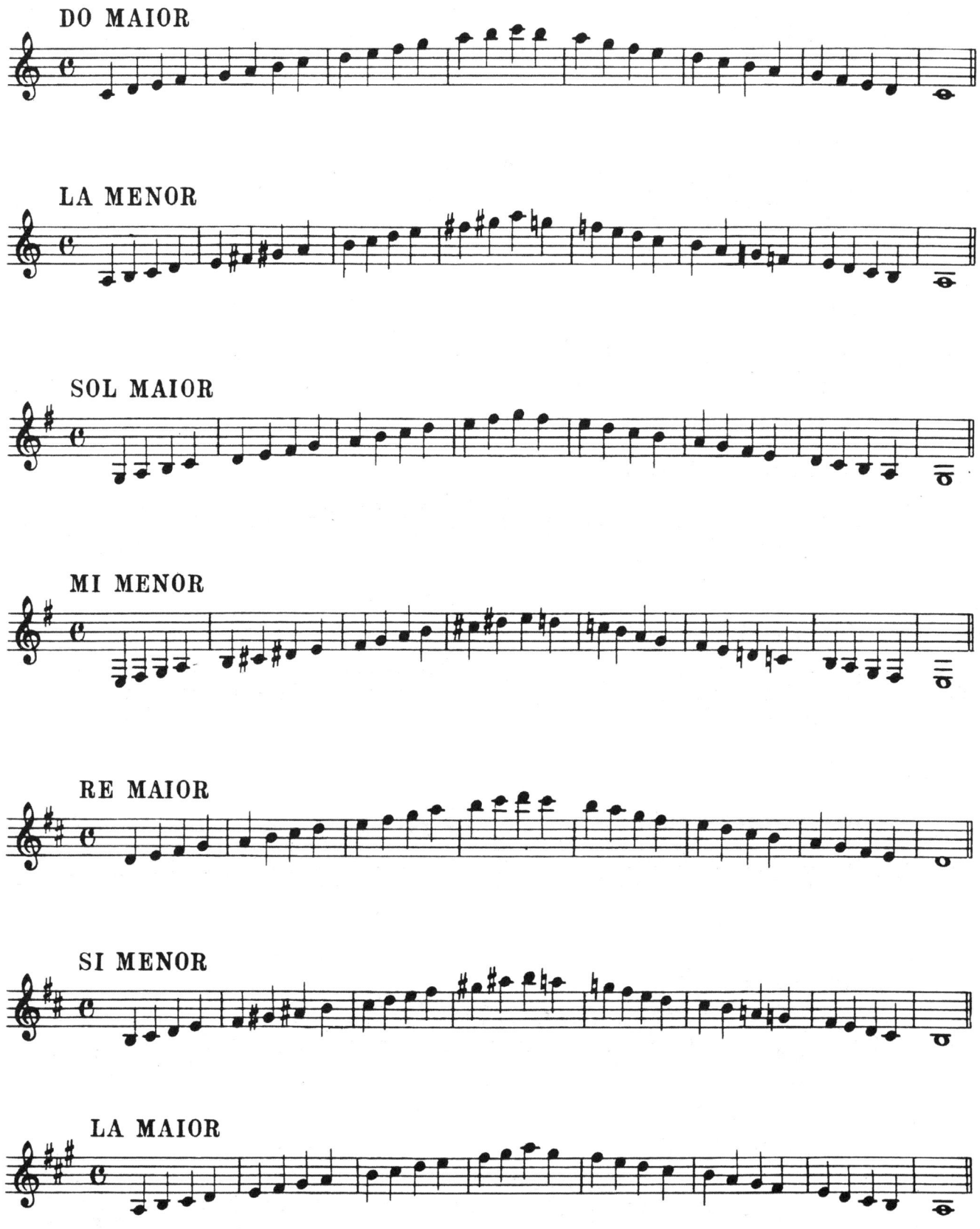

ESCALA

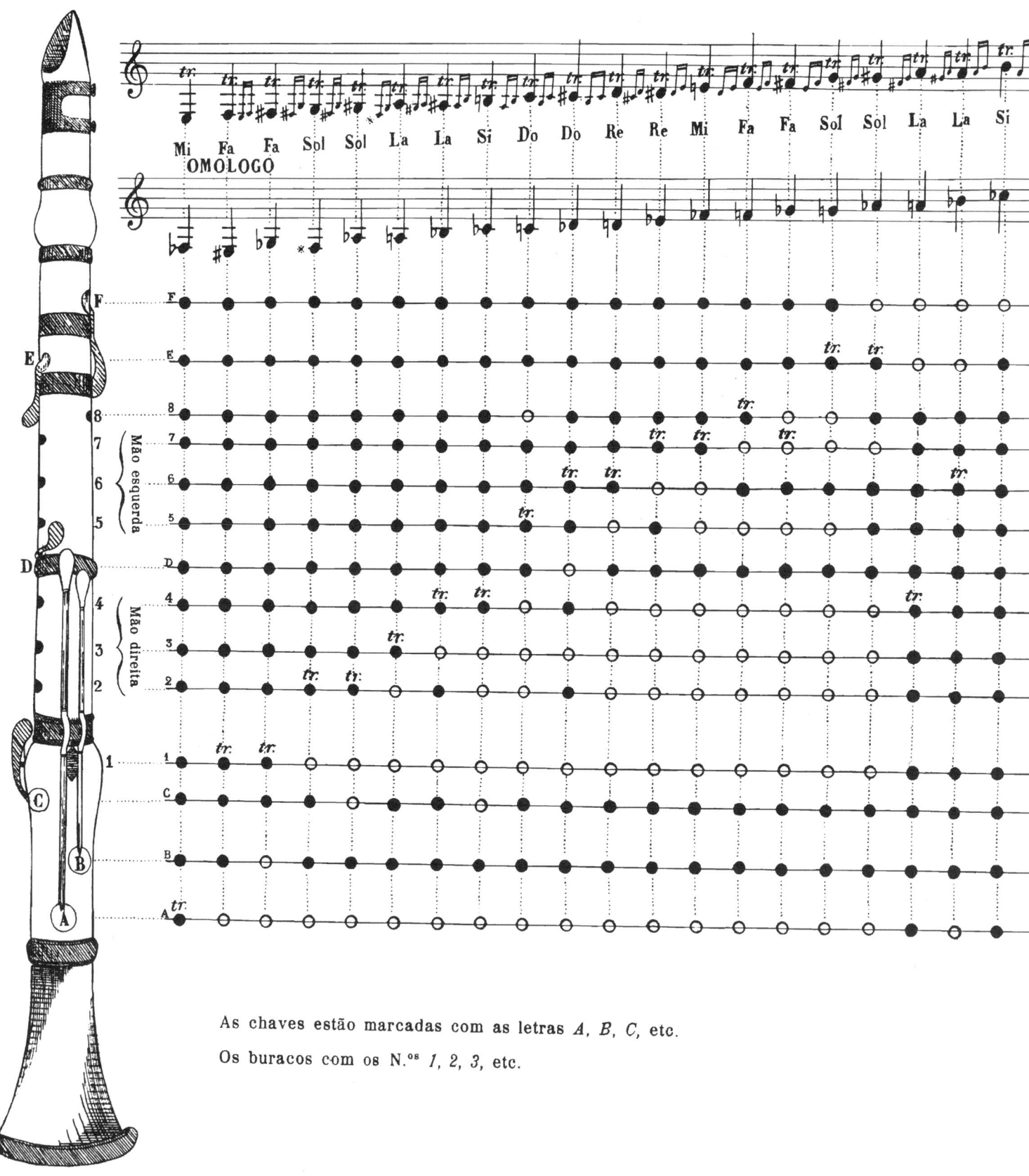

As chaves estão marcadas com as letras *A*, *B*, *C*, etc.
Os buracos com os N.ᵒˢ *1*, *2*, *3*, etc.

© Copyright 1947 by Irmãos Vitale Editores Ltda. - São Paulo - Rio de Janeiro - Brasil.
Todos os direitos autorais reservados para todos os países. *All rights reserved.*

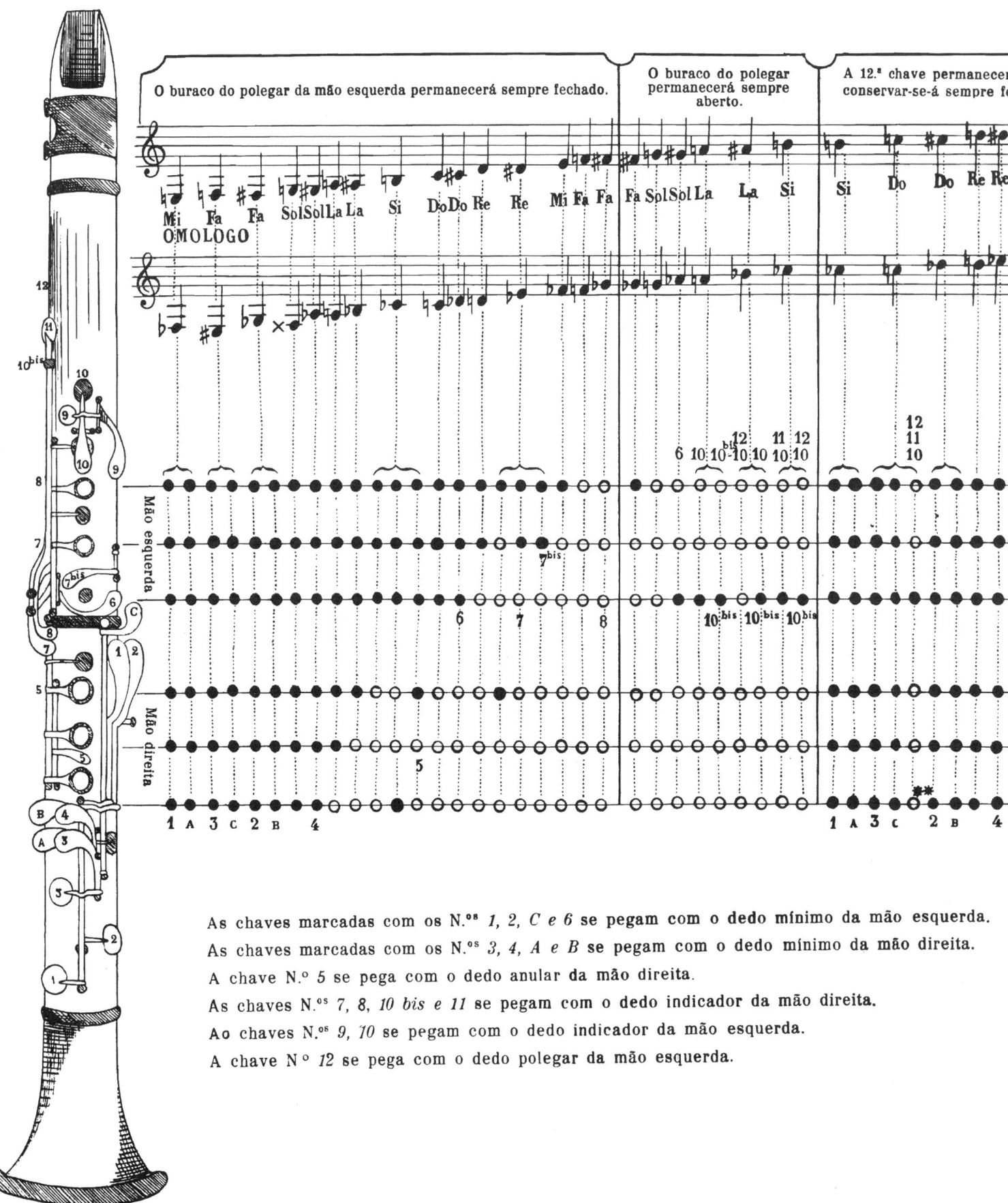

ESCALA CROMÁTICA DA N[...]

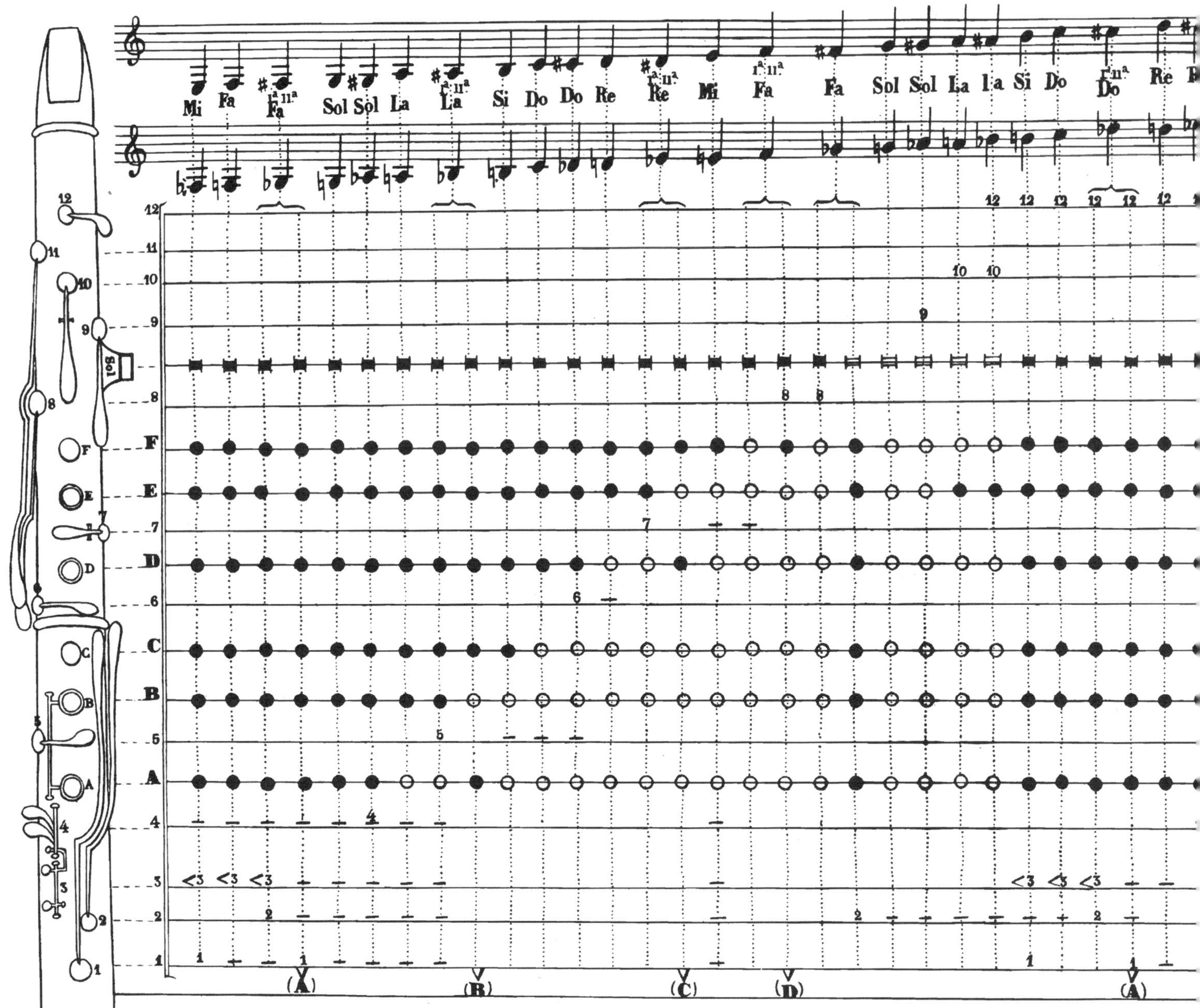

EXPLICAÇÕES DE SINAIS, LETR[...]

Os 6 O buracos das letras *A, B, C, D, E, F*, da parte da clarineta correspondente ao desenho, indic[...] buracos devem ser abertos O.

Este sinal ⊨ indica também abrir o buraco inferior dito do Sol 🎼 O sinal ● e ⊨ indica quand[...] devem ser fechados.

Os números de 1 a 12 que se acham ao lado das chaves do desenho exposto (fechados ou abertos q[...] dicam por sua vez quando o dedo deve comprimir a dita chave. Exemplo: encontrando-se o [...] fechar a dita chave (do Mi baixo); o N.º 3, assim < (porque fecha as duas aberturas) dará o [...] N.º 12 a chave inferior (dita do Si ♭).

(A) Se fará uso desta segunda posição quando o Fá ♯ baixo for precedido do Mi, ou seguido do S[...] exemplo N.º 1 que se vê abaixo. No exemplo N.º 1 para obter a sucessão das duas notas Mi, Fá♯[...] outra coisa que do Mi tirar a chave marcada com o N.º < 3. Para executar o exemplo N.º 2 é n[...] o Fá ♯ seja feito com a posição marcada com a letra *A* e assim usar o dedo mínimo da mão [...] levantar a chave N.º 4.

Exemplo N.º 1

Exemplo N.º 2

© Copyright 1947 by Irmãos Vitale Editores Ltda. - São Paulo - Rio de Janeiro - Brasil.
Todos os direitos autorais reservados para todos os países. *All rights reserved.*

'A CLARINETA SISTEMA FORNI

TÁBUA I

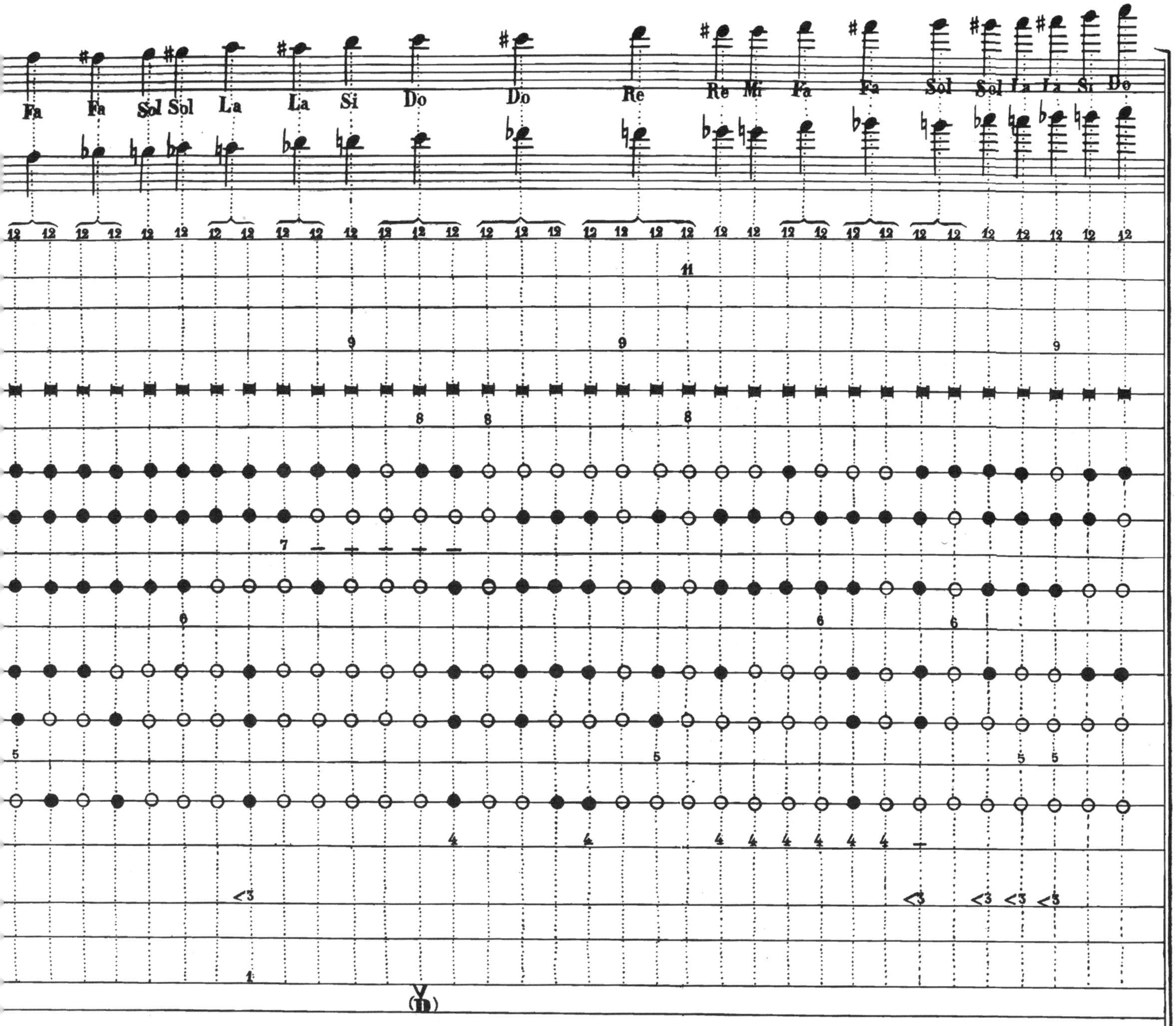

: NÚMEROS ADICIONADOS NESTA TÁBUA.

ando os

ouracos

am) in-
eve-se
aixo, o

omo no
se fará
ário que
a para

O mesmo modo de dedilhado usar-se-á para os 2 seguintes exemplos:

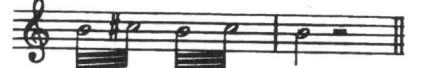

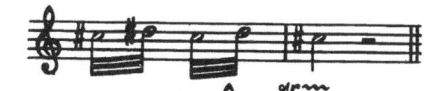

B) A segunda posição do Lá♯ baixo usa-se nos casos de um trinado entre o Sol♯ e Lá♯ ou também numa combinação rápida. *Ex.:*

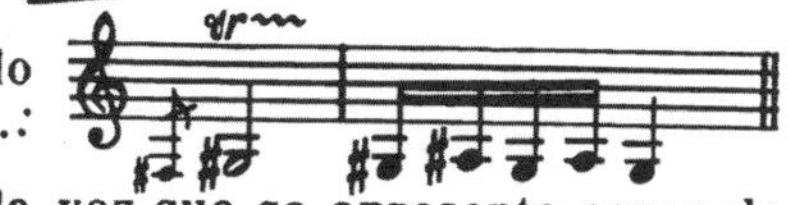

C) A segunda posição do Ré♯ ou Mi♭ poderá ser empregada cada vez que se apresente casos de dificuldade como por exemplo:

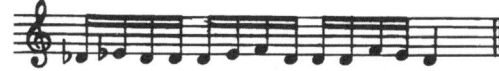

para obter uma fácil sucessão do Mi ao Fá (como no exposto exemplo) não se fará outra coisa se não aplicar a chave N.º 8 conservando-se a 2.ª posição do Mi.

D) A segunda posição do Fá e Dó usa-se nos casos de agilidade, ou para os trinados entre Mi e Fá ou Si e Dó.

Exemplo

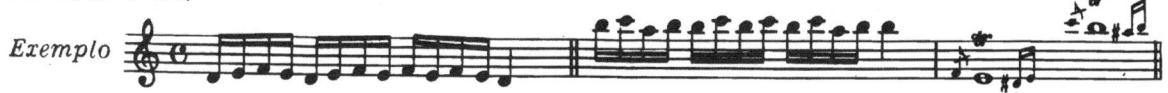

(Clarineta Boëhm)

TÁBUA II.

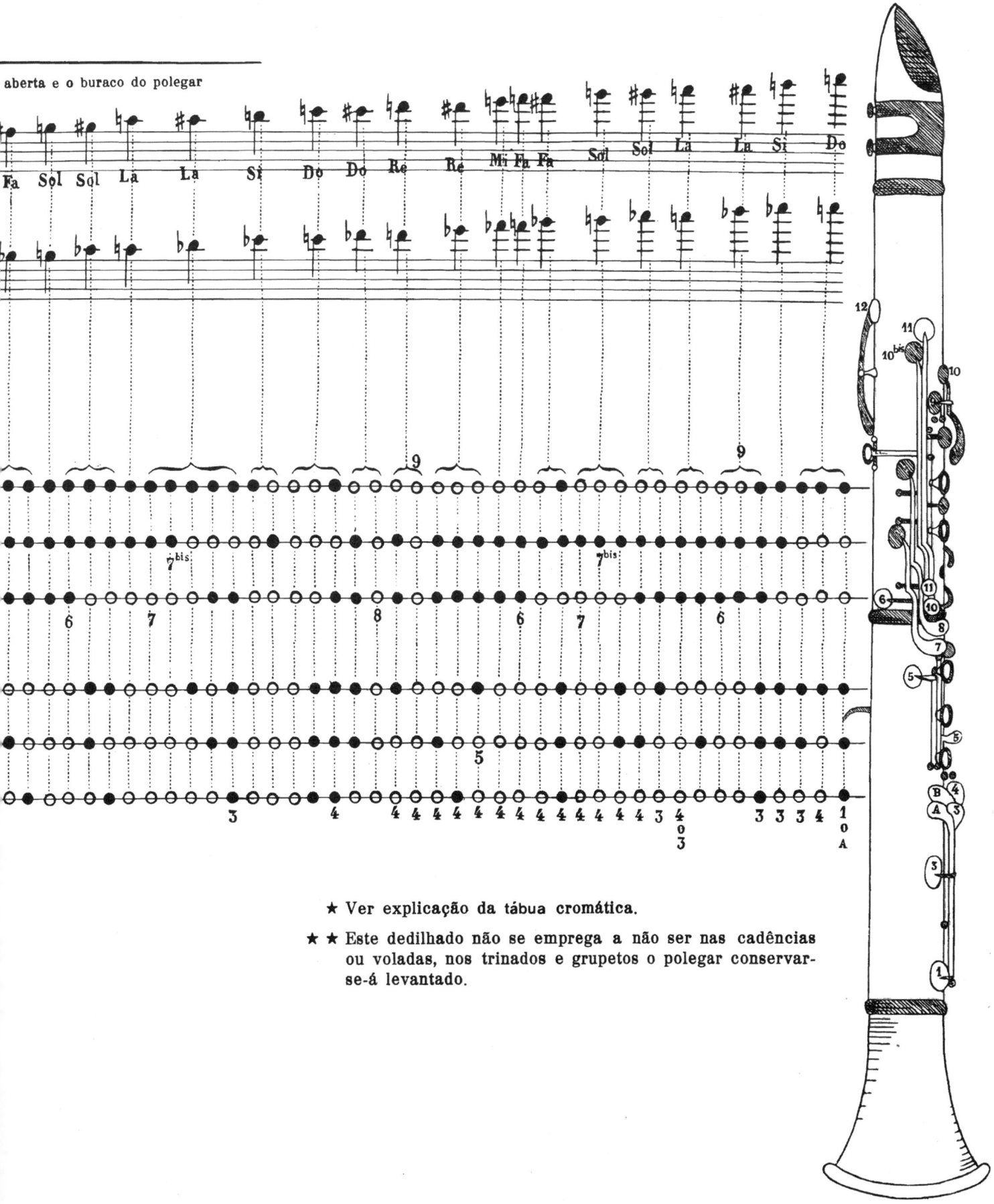

★ Ver explicação da tábua cromática.

★★ Este dedilhado não se emprega a não ser nas cadências ou voladas, nos trinados e grupetos o polegar conservar-se-á levantado.

CROMÁTICA

TÁBUA III

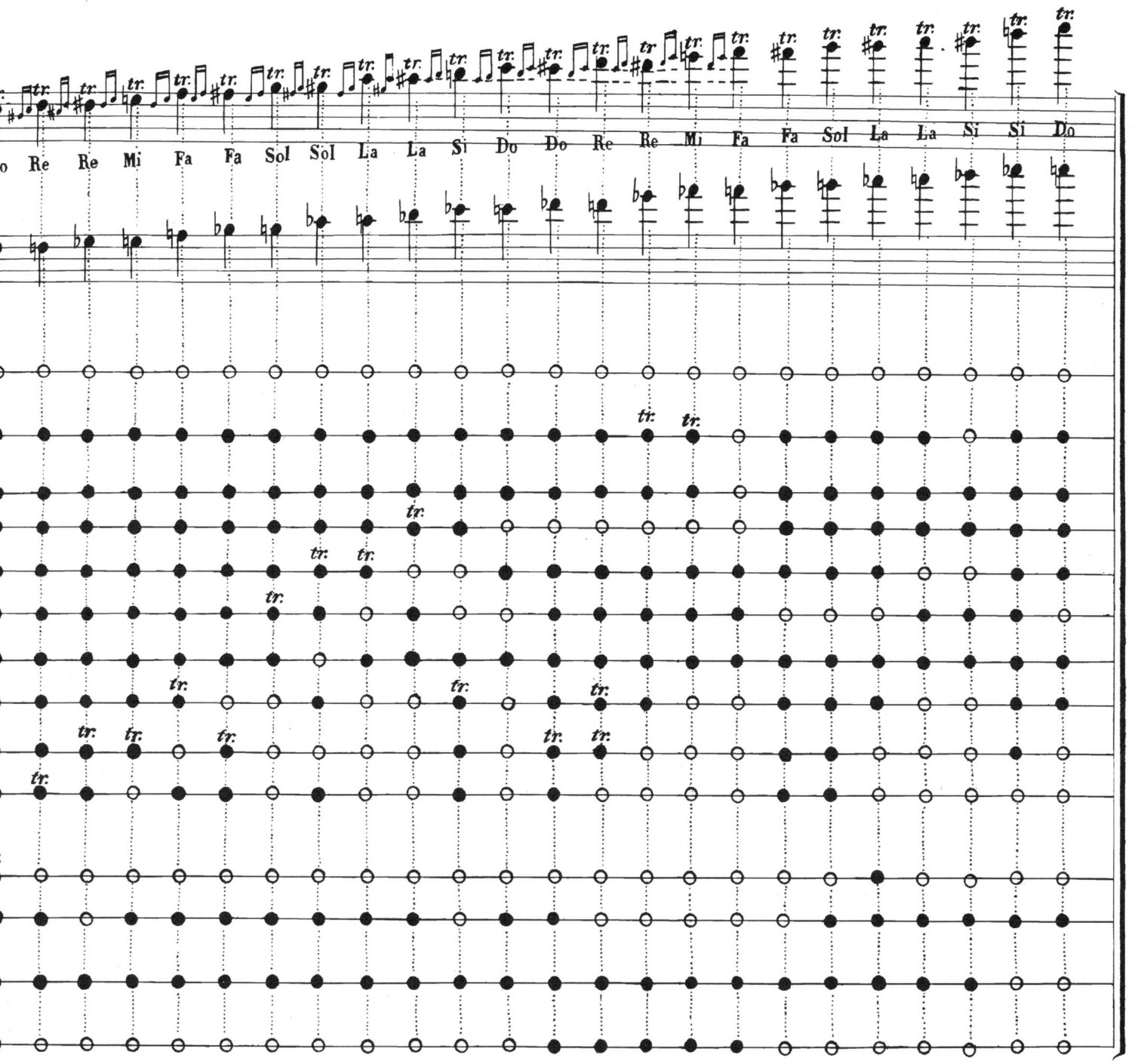

CROMÁTICA

29ª LIÇÃO

FA MAIOR

RE MENOR

SI (bemol) MAIOR

SOL MENOR

MI (bemol) MAIOR

DÓ MENOR

LA (bemol) MAIOR

FA MENOR

RE (bemol) MAIOR

SI (bemol) MENOR

SOL (bemol) MAIOR

MI (bemol) MENOR

DÓ (bemol) MAIOR

LA (bemol) MENOR

30ª LIÇÃO

31ª LIÇÃO

32ª LIÇÃO

33ª LIÇÃO

34ª LIÇÃO

35ª LIÇÃO

36ª LIÇÃO

1ª VALSA

2ª VALSA

3ª VALSA

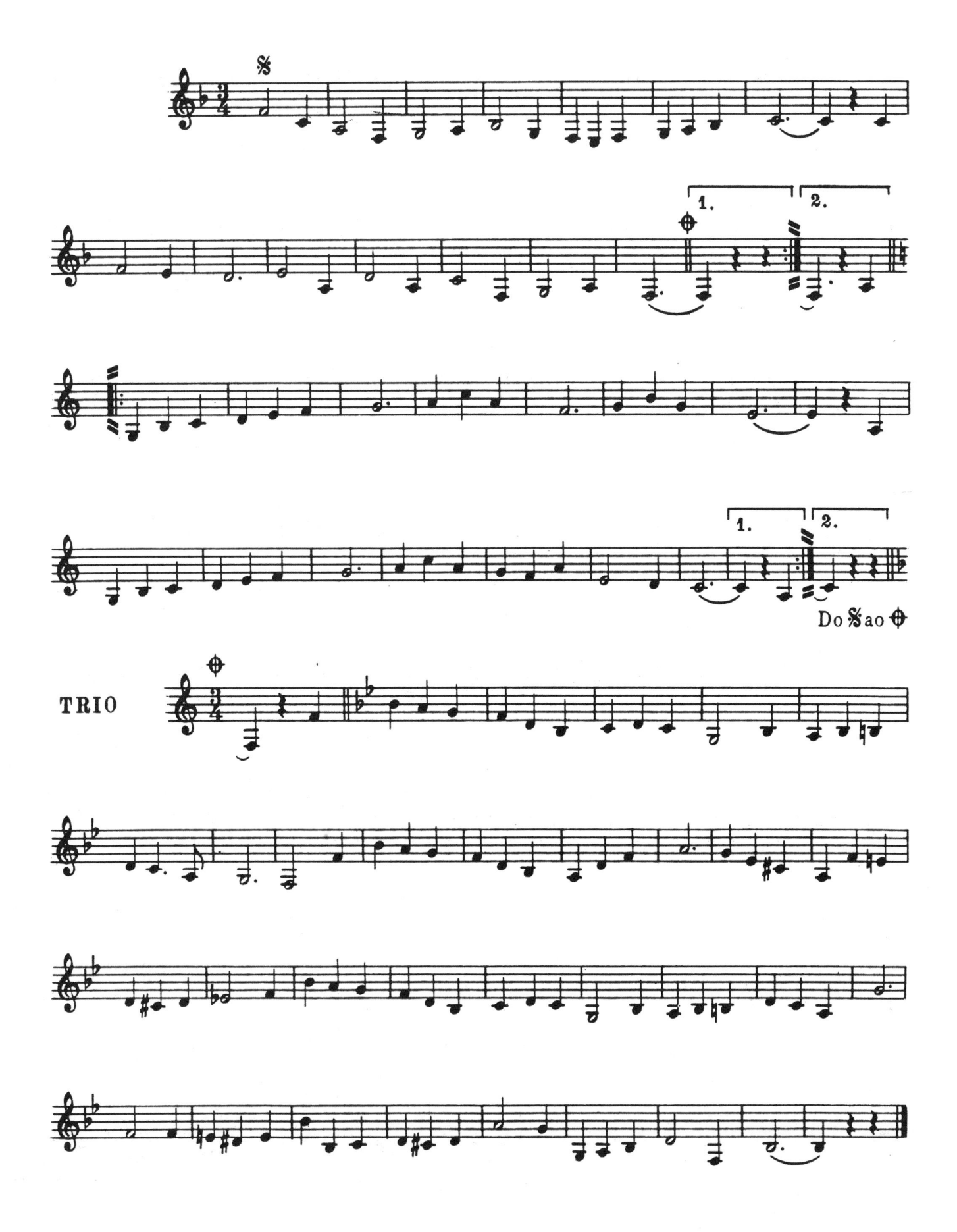

4ª VALSA

5ª VALSA
SERENATA

ROMANCE Nº 3

GAVOTA Nº 1

GAVOTA Nº 2

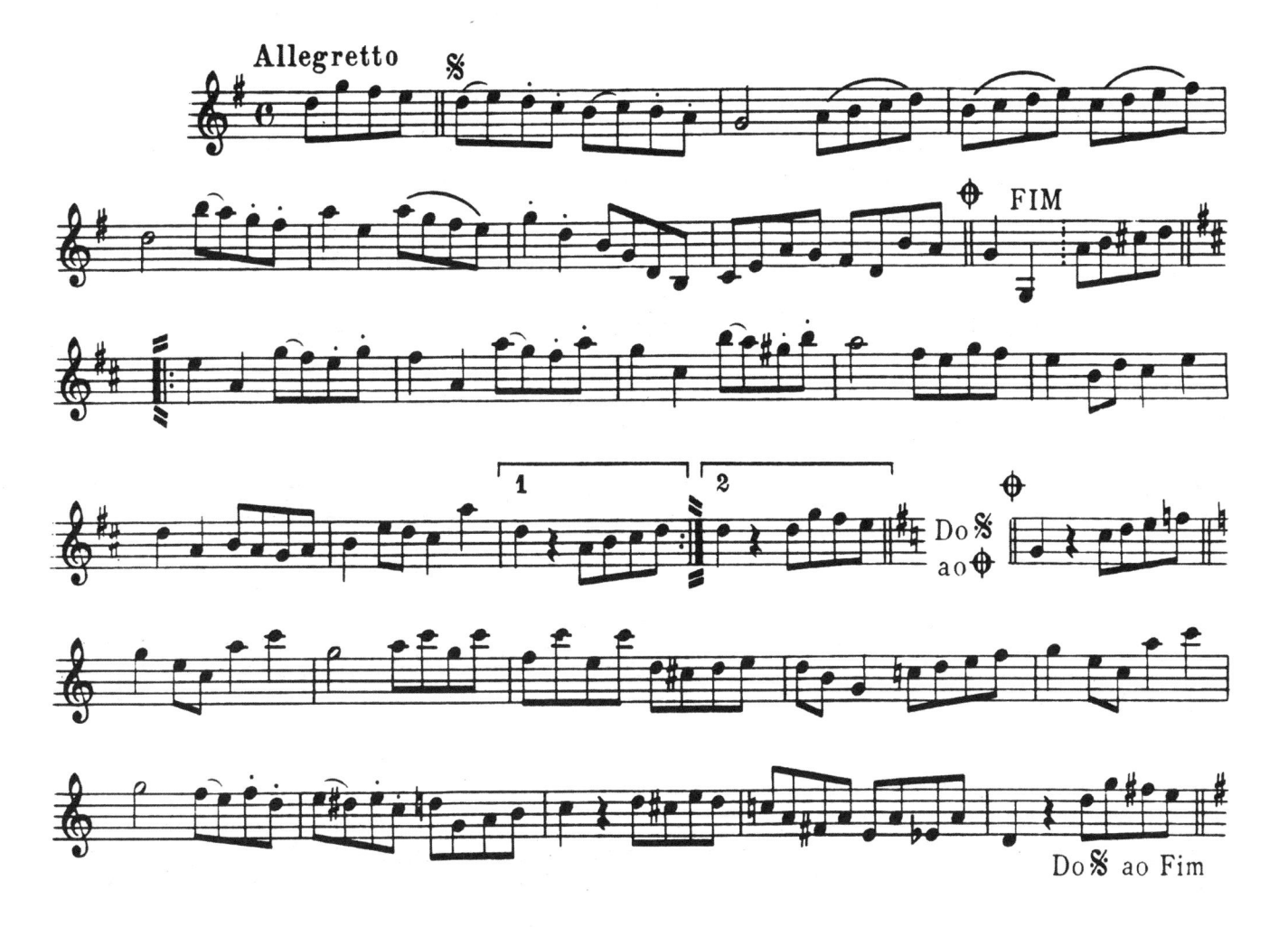

MAZURCA Nº 1

MAZURCA Nº 2

MINUETO Nº 1

Allegretto

POLCA Nº 1

FOX-TROT Nº 1

FOX-TROT Nº 2

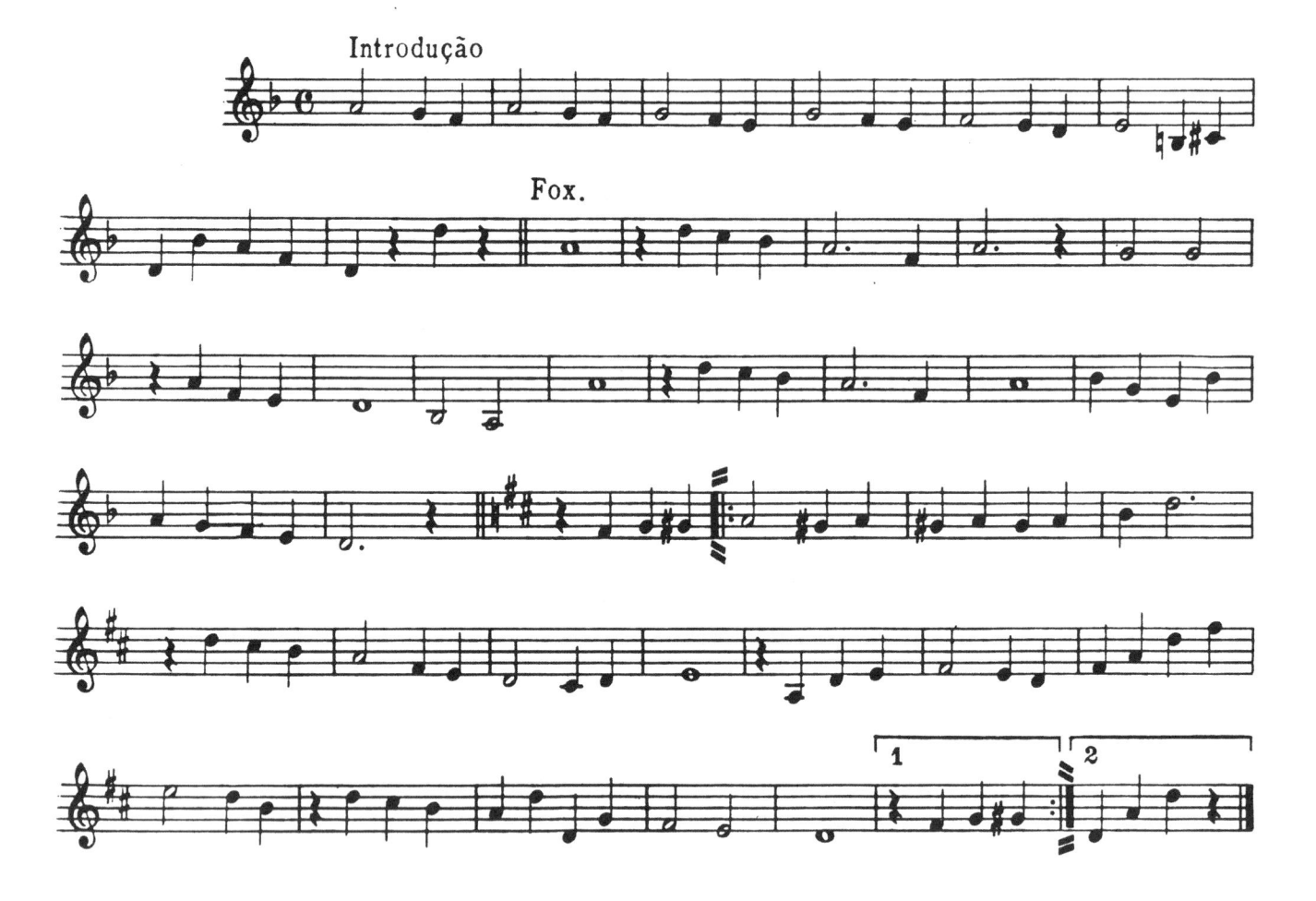

MARCHA Nº 1

MARCHA N°2

MAZURCA N°3

MAZURCA Nº 4

POLCA Nº 2

TANGO Nº 1

MARCHA Nº 3